Viorel Moraru

DICȚIONAR DE ADEVĂRURI

2020

Prima ediţie: 2020

E-mail: moraruviorel83@gmail.com

Acest dicționar folosește cookies.

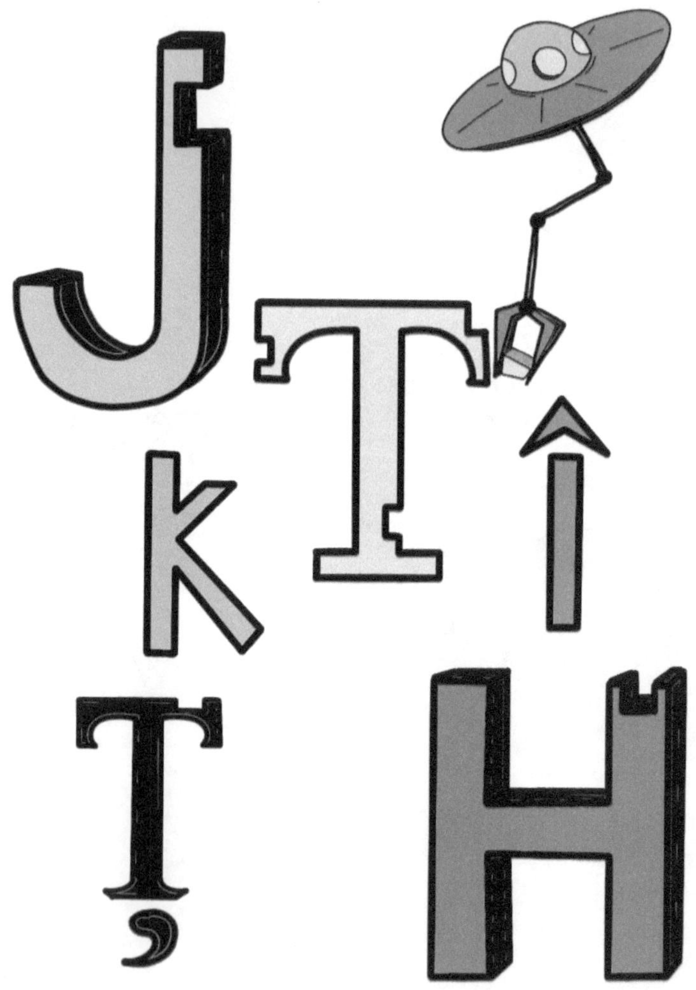
J
T
Î
K
Ţ
H

Adevărurile sunt periculoase, luate prea în serios dăunează grav sănătății, așa că, folosiți-le cu precauție!

#adevăruri #neadevăruri #jumătăți de adevăr

#aiureli #ironii #clișee

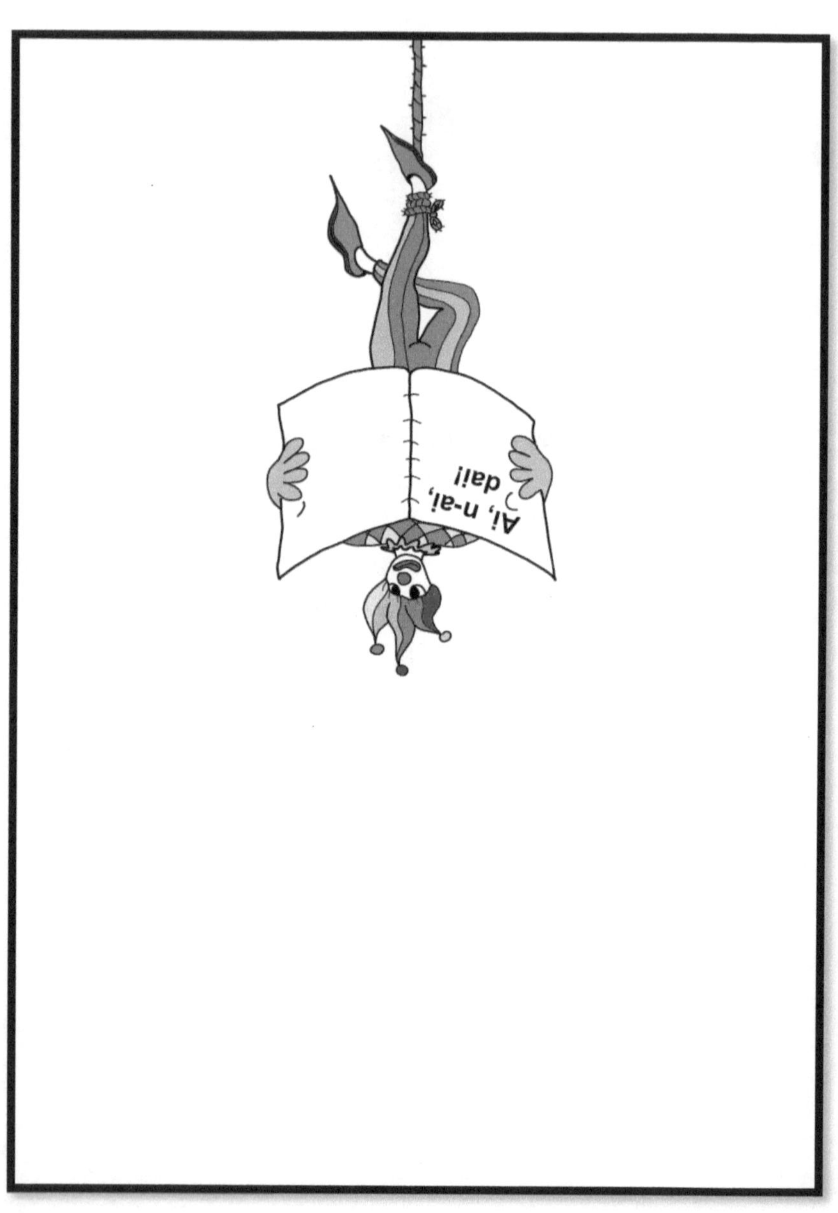
Ai, n-ai,
dai!

A

A.D.N.

Asociere de litere care trebuie folosită într-o conversație pentru a părea că ești o persoană inteligentă.

Adevăr

Minciuna preferată.

Afacerist

Șmecher.

Alfa

Este urmat mereu de Omega.

Alții

Nume generic dat persoanelor care sunt vinovate pentru nefericirea noastră.[1]

America

Țară descoperită de Columb.[2]

[1] Sursă: *Cauți o țintă, ochești și tragi.*
[2] Sursă: *Continente cu nume de țări.*

Americani

Oameni pe care românii îi așteaptă din 1944.

Antiromân

Injurie aruncată celor care nu laudă poporul român.

Aramă

Se dă cu ea pe față.

Artist

Un ciudat care va muri sărac.

Aşchie

Bucată mică de lemn care nu sare departe de trunchi.

Avram Iancu

Nume care îi enervează pe unguri.

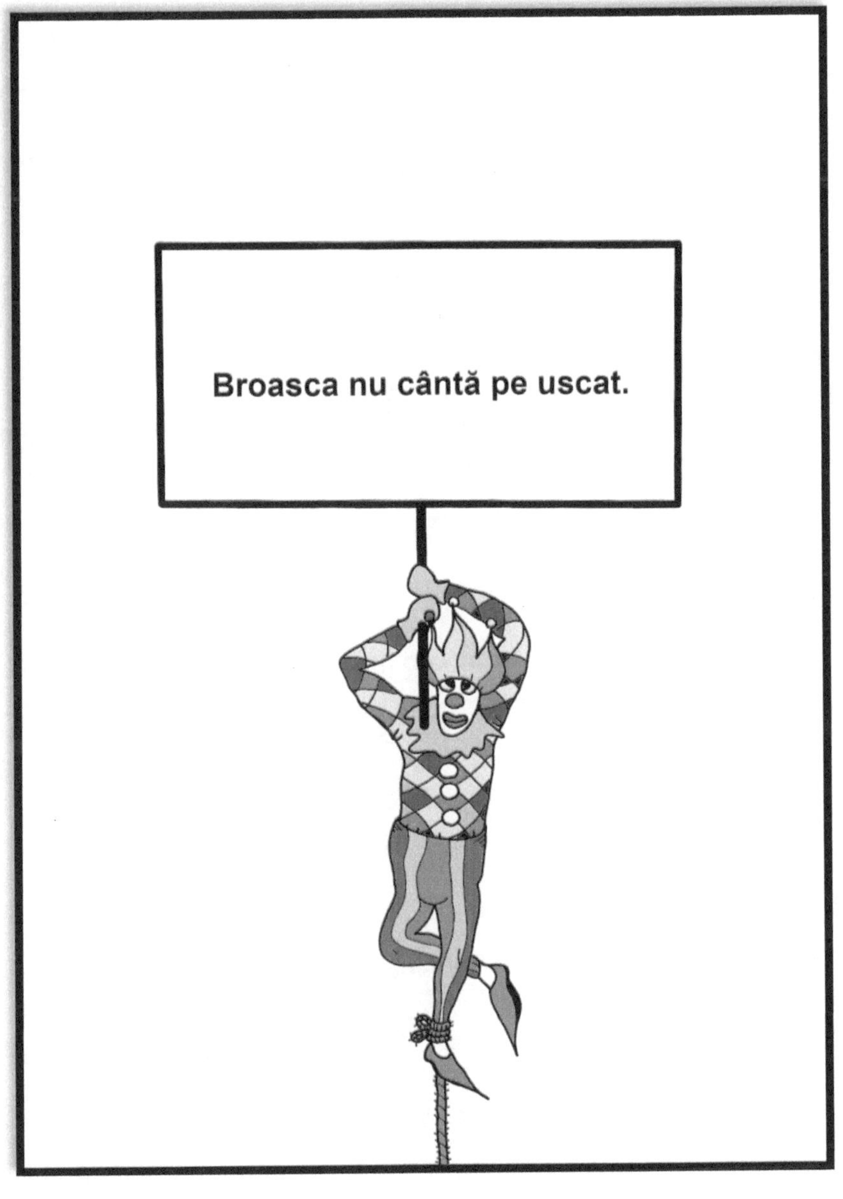
Broasca nu cântă pe uscat.

B

Bac

Dacă îl pici spune: „Oricum, nu-mi folosea la nimic”.

Baluba

Un trib african.

Banii

Ochiul dracului.

Nu aduc fericirea.

Berea

Un aliment.[3]

Barză

Pasăre care aduce bebeluși.

Bătaie

Este ruptă din Rai. Mâncată de unii, dată de alții.

---

[3] Sursă: *Dieta secretă*.

Beton

„Cool" - pe românește.

Biblia

O carte care are mai multe variante, chiar dacă o citești nu ai cum să citești varianta corectă, așa că nu te mai obosi.

Bici

Se face din rahat.

Bine

Folosiți cuvântul „OK".

Bogătaș

Om rău și imoral.

Bolovan

Nume generic pentru o rocă.

Material natural din care este făcut capul unora.

Bou

Așa te duci (a se vedea *vacă*).

Brânză

Produs lactat zgâriat de oamenii zgârciți.

Bucegi

Pe acolo trece „Axa Lumii”.[4]

Busuioc

Plantă care se drege.

Burtă

Parte a corpului în care copiii fac broaște dacă beau multă apă.

Buturugă

Dacă este mică răstoarnă un car mare.

[4] Sursă: *Sau nu.*

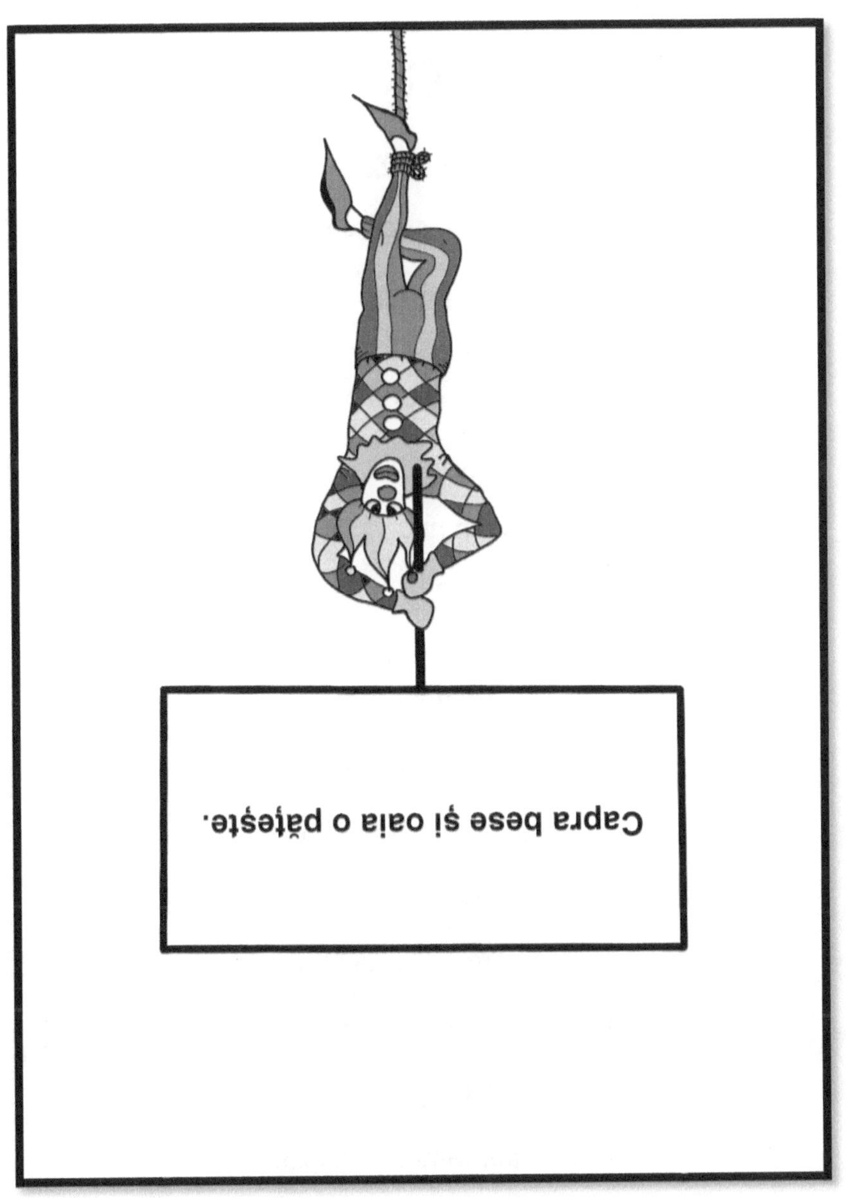
Capra bese și oaia o pățește.

C

Cabanos

Cârnat uscat, subțire și lung.

Calendar

Sistem de împărțire a timpului în ani, luni și zile, la care se uită o pisică.

Caniculă

Face din nou victime.

Cap

Extremitate a corpului omenesc care se face calendar.

Stă când pe umeri, când în nori.

Dacă e plecat, sabia nu-l taie.

Unii au pe el așezat un scaun.

Loc în care se bagă mințile.

Cap ai, minte ce-ți mai trebuie?

Capră

Are întotdeauna trei iezi.

Car

Atelaj care se pune înaintea boilor.

Caragea

Un om care avea ciumă.

Carte

Dacă umbli cu o carte după tine o să te creadă lumea deștept.

Carol al II-lea

Un curvar.

Castraveți

Legume vândute grădinarului.

Cașalot[5]

Mamifer marin.

Cavaler

Un bărbat care astăzi nu mai există.

Cărări

Dacă sunt trei, și mergi pe ele, înseamnă că ești beat.

[5] Cel mai mare prădător.

Căscatul

Ceva ce se ia de la o persoană la alta.

Câine

Animal care dacă latră nu mușcă.

Cel mai bun prieten al omului. Delicatesă în China.

Ceață

Dacă este groasă o tai cu cuțitul.

Cenușă

Se pune în cap.

Cer

De obicei cade pe cineva.

Cercel

Petru Cercel (1583-1585).

Chelios

Om căruia i-a crescut capul prin păr.

Recomandare: copiii să nu poarte șepcile sau pălăriile cheliosilor, ca să nu facă chelie.

Chibrit

Are propria lui teorie.

Chior

Rege în țara orbilor.

Cioară

Pasăre care se vopsește.

Ciocan

Os al urechii (vezi *scăriță* și *nicovală*).

Cleşte

Unealtă cu care se scot vorbele din gură.

Coate

Merg mână în mână cu cuvântul „goale”.

Cocon

Alexandru Coconul, a domnit patru ani în Țara Românească și zece luni în Moldova.[6]

Comunism

Perioadă în care era mai bine.[7]

Corzi

Același lucru cu *coarde*.

---

[6] Sursă: *Istorie pe pâine*.

[7] Sursă: *Moștenirea – O țară bântuită de fantomele trecutului*.

Cotitură

Loc în care îți aștepți dușmanul.

Crăciun

Perioadă din an când mănânci ca porcu`.

Critic

Nu creează, dar știe mai bine decât artiștii ce și cum trebuie creat.

Cucuvea

Vezi Ion Iliescu.

Culturism

Dacă îl practici de la o vârstă fragedă rămâi mic.

Cuțit

Obiect tăietor-înțepător care îl motivează nespus pe român, atunci când îi ajunge la os.

Cuvinte

Nu trebuie să te încrezi prea mult în ele.

După ce că e prost, se mai
cacă și în potecă.

D

Daci

Când auzi că se discută despre ei, să zici că vorbeau limba latină. Dacă te contrazice cineva, spune: „Atunci explică tu mie, dacă doar 14% din Dacia a fost cucerită de romani, cum de toți dacii au fost romanizați? Nu ști? Înseamnă că vorbeau limba latină!”[8]

Darwin

A greșit, noi nu ne tragem din maimuțe, ci din extratereștri.[9]

Datare cu carbon

Asociere de cuvinte care trebuie folosită într-o conversație pentru a părea că ești o persoană inteligentă.

Datorită

E de bine.

Decrețel

Copil conceput la comandă.

---

[8] Sursă: *Gânditorul de la Hamangia*.
[9] Sursă: *Ultima Biblie*.

Despachetare

Unboxing.

Deștept

Dacă te naști deștept nu ai nevoie de școală, uită-te la Zuckerberg.

Dezlegat

Mă-ta.

Diavol

Se știe că nu este atât de negru. I se mai spune Michiduță, Aghiuță, Ucigă-l Toaca.[10]

Din cauza

E de rău.

Diplomă

O hârtie.

Divinitate

Ființă imaginară cu însușiri supranaturale, de obicei este înfățișată având o figură paternă, numele îi este asociat cuvântului „mamă" și derivatelor sale. Exemplu: Dumnezeul mă-tii! Tuți Cristosu` mamilor mă-tii!!!

---

[10] Sursă: *Țapul ispășitor.*

Dinozaur

Vezi Ion Iliescu.

Dispozitiv

Mai nou se zice „device”.[11]

Doctori

Niște proști. Dacă ai dureri, întreabă o babă din bloc, ea știe mai bine.

Documentare

Se spune „research”.

Doftor

Doctor pe limba țigănească.[12]

Drac

Personaj cu care te faci frate pentru a trece o punte.

Dușmani

Cei pe care trebuie să-i ți mai aproape decât îți ți prietenii.

---

[11] Sursă: *Bâlbâială tehnologică.*

[12] Sursă: *Xenofobie pentru începători.*

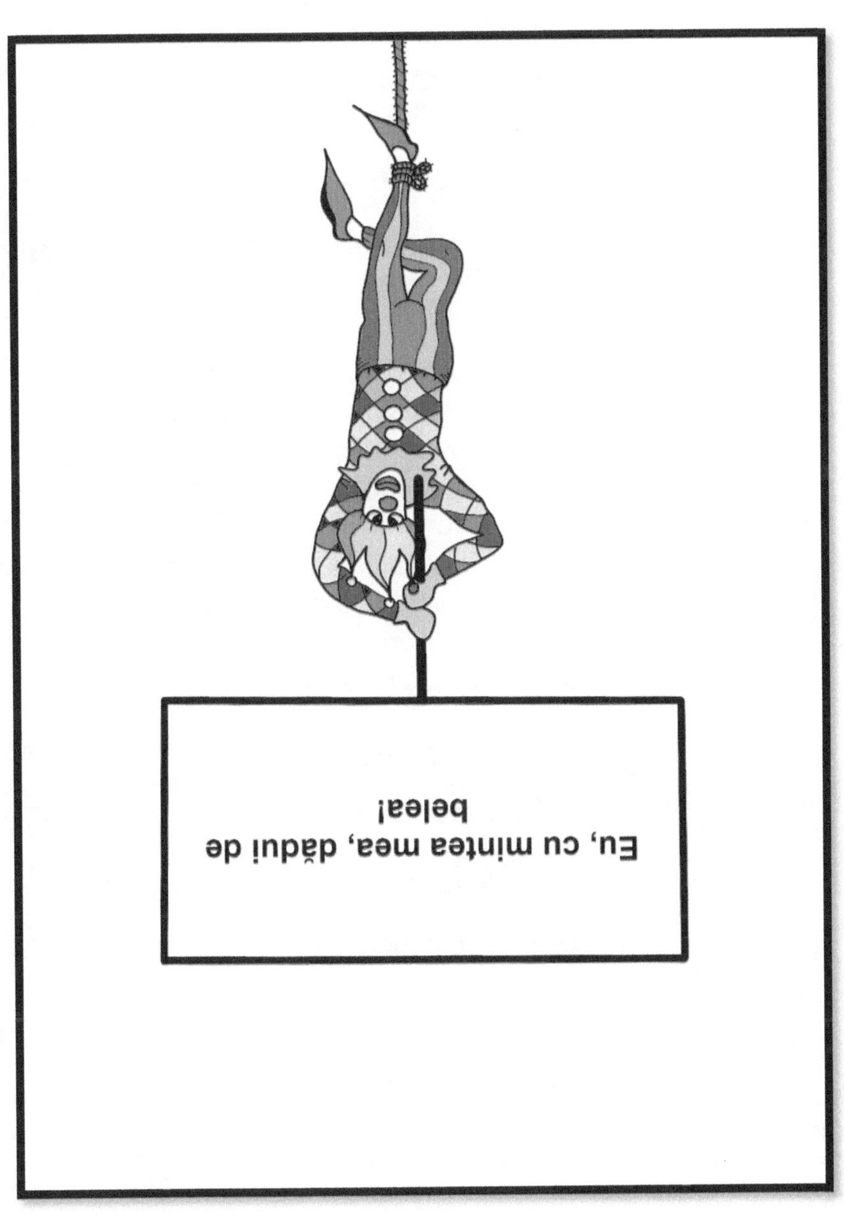
Eu, cu mintea mea, dădui de
belea!

E

Educație

Ceva ce tinerii din ziua de azi nu au.

Egipt

Ignoră dinastiile, ignoră evoluția arhitecturii de la mastaba la piramidă, nu ai nevoie de cunoștințe în domeniul metodelor de datare. Trebuie să ști doar două lucruri: 1. Hieroglifele au fost descifrate de un francez al cărui nume rimează cu „șampanie".
2. Piramidele au fost construite de extratereștrii. Dacă te contrazice vre-un „expert", îi spui că pietrele sunt grele și că nu există experți.[13]

Elena Ceaușescu

Ea a fost de vină.

Evreu

Om bogat, care conduce lumea.[14]

---

[13] Sursă internet.
[14] Sursă: *Mein Kampf*.

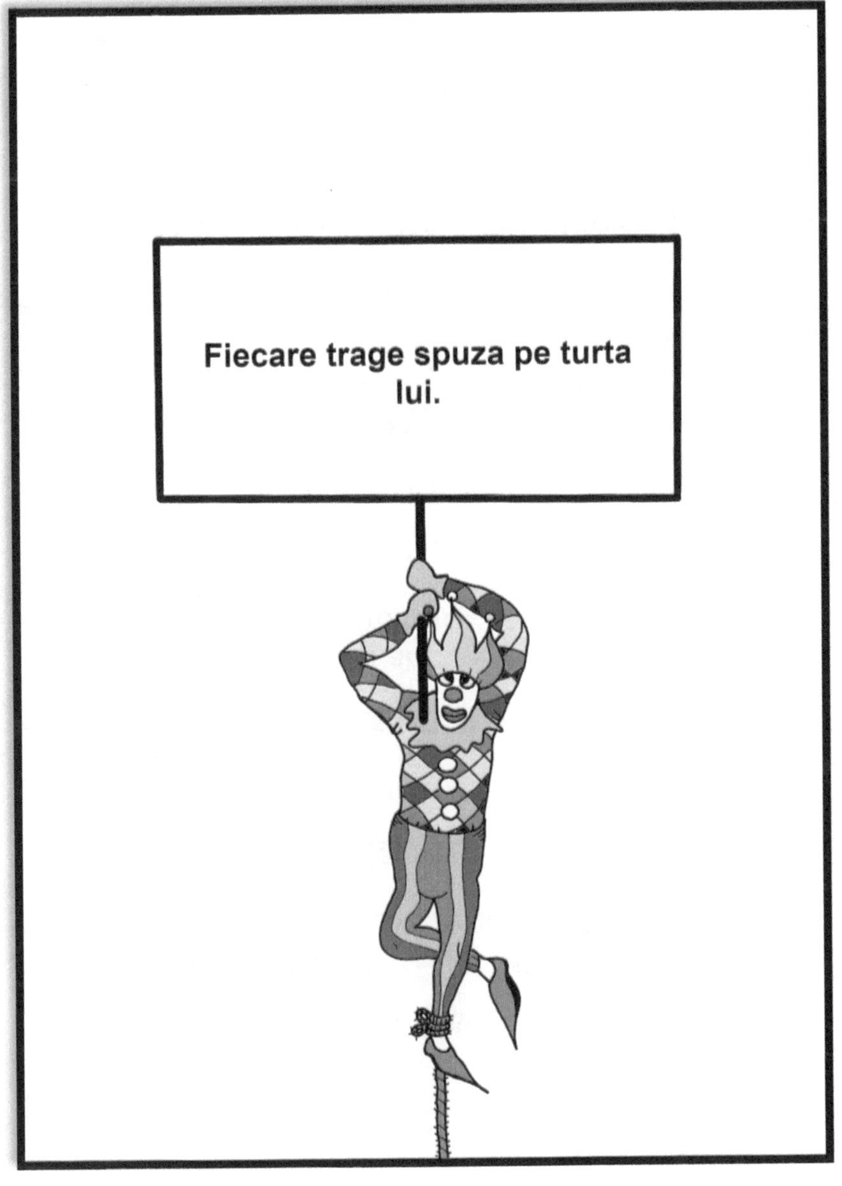
Fiecare trage spuza pe turta lui.

F

Facultate

Nu este important să ai studii, important este să ai școala vieții.[15]

Familist

Face liste cu familii.

Fanarioți

Cauza tuturor relelor abătute asupra poporului român.

Femeie

Roaba lui Dumnezeu.[16]

Fes

Este purtat de interes.

Fier

Bate fierul cât e cald (proverb din Paleolitic).

Fisă

Ceea ce îi pică românului.

---

[15] Sursă: *Nu ne place școala.*
[16] Sursă: *Popa.*

Fir

De obicei se despică în patru.

Fizică

Legea lui Om: ești om cu mine, sunt om cu tine.

Fizică cuantică

Asociere de cuvinte care trebuie folosită într-o conversație pentru a părea că ești o persoană inteligentă.

Floare

Se pune la ureche.

Foamea

Cel mai bun bucătar.

Fosilă

Vezi Ion Iliescu.

Fraier

Om care muncește.[17]

Francmasonerie

Pricină de ceartă între prieteni la bere.

---

[17] Sursă: *Destăinuirile unui băiat de bani gata.*

Frecție

Se face la un picior de lemn.

Freud (Sigmund)

Trebuie să spui că teoriile lui nu erau bune (deși nu le-ai citit).

Frunze

Câinii le preferă tăiate.

Fuga

Un lucru rușinos, dar sănătos.

Fumuri

Le au cei care se cred importanți.

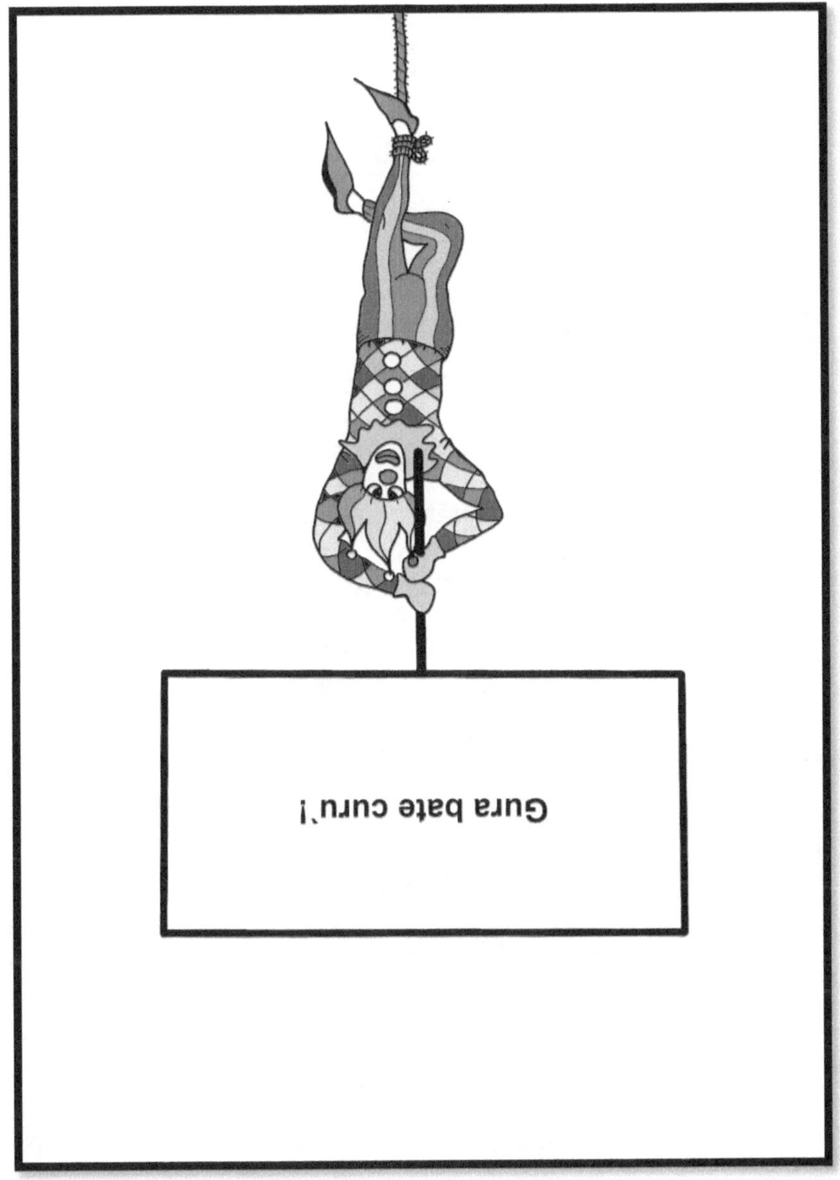
Gura bate curu`!

G

Gandhi

Predica nonviolența și se culca cu nepoatele lui.

Gaz

Se toarnă pe foc.

Găină

Dacă e bătrână face supa bună.

Gramatică

Reguli de folosire a limbii, pe care trebuia să le stăpânesc din clasa a II-a.

Grigore

Un om care bea agheasmă.

Grâu

Cereală care se separă de neghină.

Gură

Loc în care plouă. Dacă e aurită, e de bine.

Dacă e mare, e de rău.

H

Hairstylist

Un frizer gay.

Hemoroizi

Boală care ți-o dă statu`.

Hitler

Un actor mare, cu o ****[18] mică.

[18] Mustață.

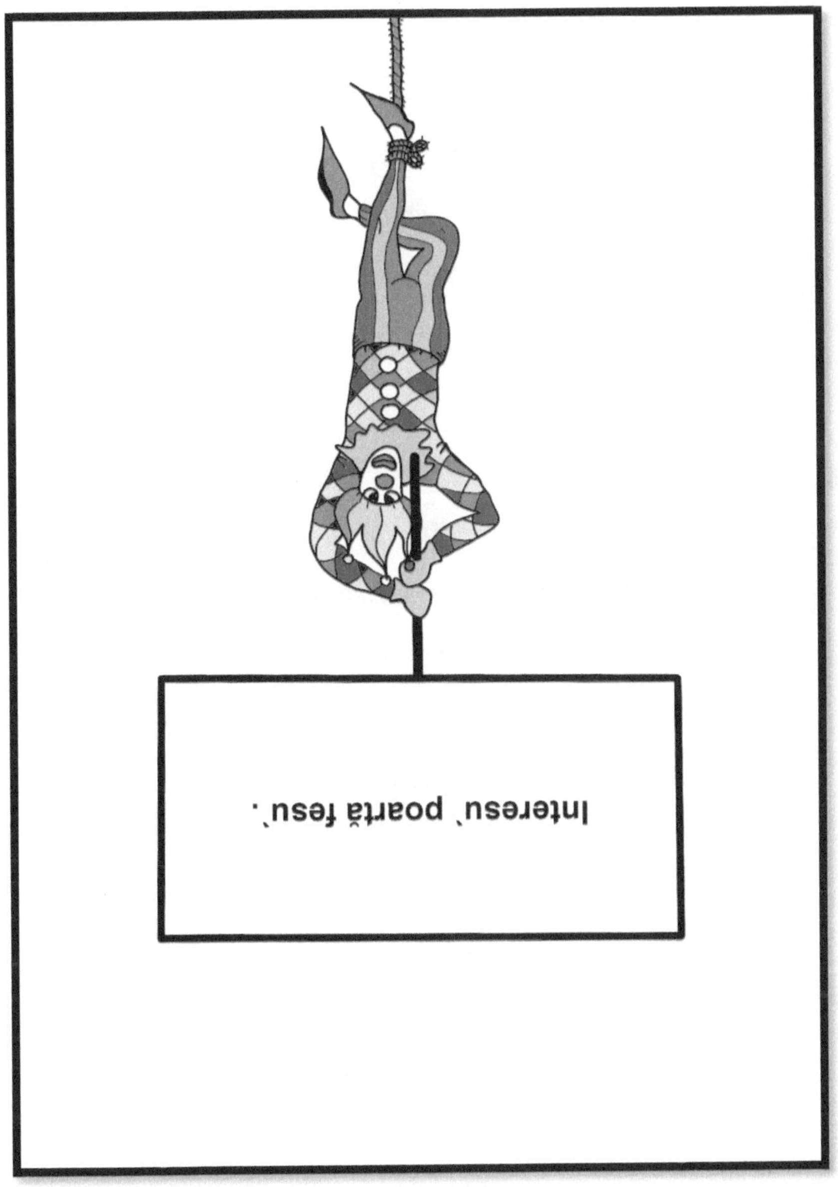
Interesu` poartă fesu`.

I

Ideologie

Un virus.

Iisus

Zeu, Dumnezeu, Mesia, fiu, tată, magician, filosof, zelot, un complex, cineva care întârzie la o programare 2000 de ani, o șopârlă care aleargă pe apă.

Ion

Țăran care a tras o brazdă în plus.

Ion Iliescu

Tovarăș, liber cugetător, prieten al minerilor.

Istorie

O fantomă care ne bântuie. Mulți știu, puțini cunosc.

Italieni

Oameni care trăiesc într-o cizmă.

Î

Îmbunătățiri

Ceva ce puțini sunt dispuși să facă (vezi și preocupări).

Încredere

Ceva ce se câștigă greu și se pierde repede.

Înecat

Vlad Înecatul, domn al Țării Românești (1530-1532), a murit din cauza consumului excesiv de alcool.

Întrebare

A fi sau a nu fi?

K

Karate

Instructorii de karate știu tot felul de lovituri mortale, dar le țin secrete.

Kilograme

Mereu sunt în plus.

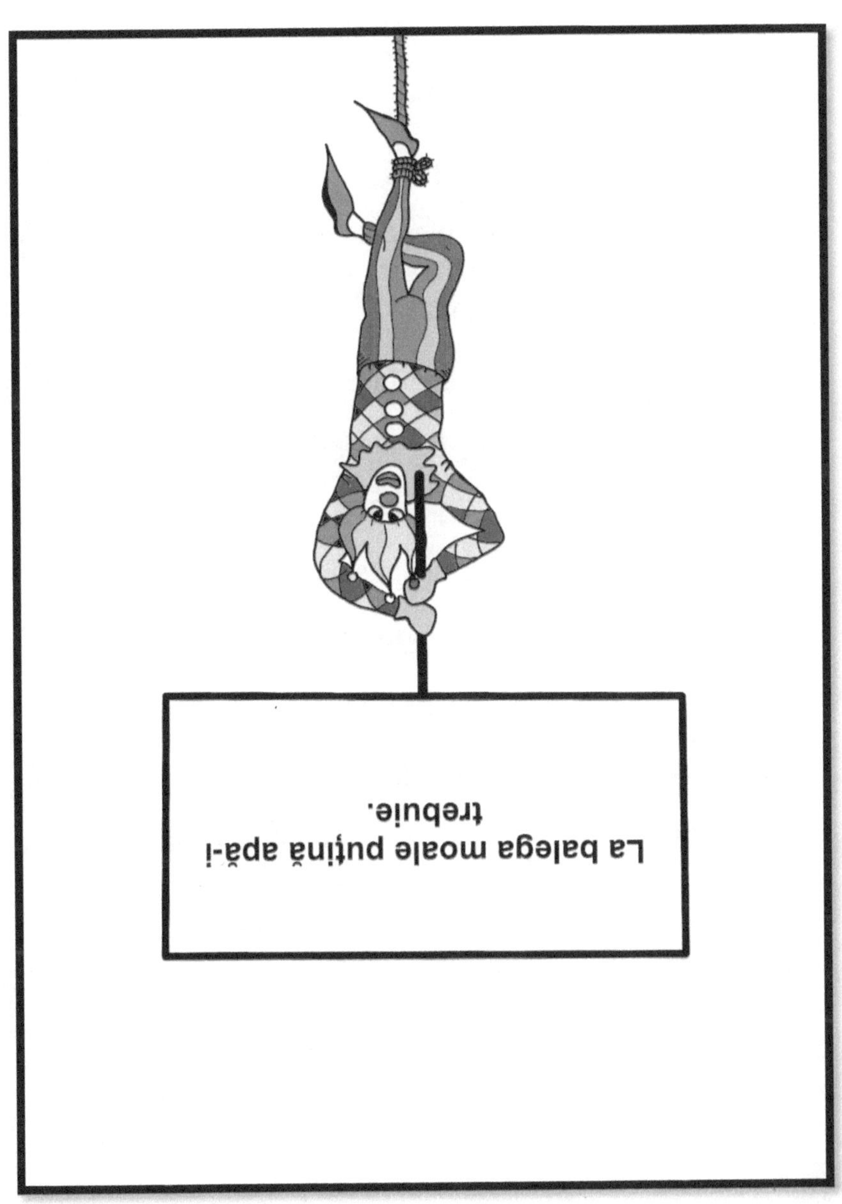
La balega moale puţină apă-i
trebuie.

L

Lapte

Lichid produs de glandele mamare ale mamiferelor femele, în care se bagă mereu o muscă.

Lăcustă

Nume de domnitor moldovean.[19]

Libertate

Ceva prost înțeles.

Lobodă

Zarzavatul prin care se plimbă un anume Vodă.

Lucru

Dacă vrei să fie bun, trebuie să-l faci singur.

Lulea

Om îndrăgostit.

Lume

E rea. Se duce de râpă. Trebuie schimbată.

---

[19] Sursă: *Domnitori cu nume de insectă.*

Luna

Un film din 2009.[20]

Lup

Paznic la oi. Animal carnivor care își schimbă părul, dar nu și năravul. Dacă vorbești despre el apare la ușă.

[20] Cu ani în urmă, când am vrut să aflu mai multe despre acest film (care mi-a plăcut), am dat o căutare pe Google Search. În vârful listei, la rubrica cele mai populare căutări despre cuvântul Moon (Luna), scria așa: Moon, it is real? în traducere, niște nedumeriți se întrebau, în număr suficient de mare, dacă astrul selenar există cu adevărat. A fost una din clipele acelea în care, credința în omenire s-a mai sfărâmat un pic.

Meșter eu, meșter tu, dar
gunoiul cine-l mătură?

M

Mafalda

Mare prezicătoare, ghiceşte uimitor trecutul, prezentul, viitorul. Prezice cu exactitate rezultatul ce se poate obţine în orice fel de afaceri. Consultaţiuni zilnice de la 10 juma` dim. până la 9 seara pe Calea Rahovei.

Mapă

Dacă porţi una sub braţ poţi trece drept o persoană importantă.

Masă

Obiect de mobilier pe care dansează șoarecii.

Mâţă

Să nu fi prins cu ea în sac.

Masturbare

Duce la boli grave, ca de exemplu: orbirea, impotența sau apariția părului în palmă.

Mălai

Este un produs obţinut prin măcinarea boabelor de porumb, deseori visat de vrăbii.

Mămăligar

Român, în Dex-ul bulgăresc.

Mațe

Sunt urmate de cuvântul fripte.

Mentă

Plantă frumos mirositoare, bună de frecat.

Mesaj

Scrisoare scurtă.

Micțiune

Treaba mică.

Miel

Dacă e blând suge la două oi.

Milea

Dacă auzi numele acesta să zici: „A fost omorât!"

(Nu este important să ști cine a fost).[21]

Mincinos

Politician.

---

[21] Sursă: *Criminali sinucigași.*

Morcov

Este o rădăcină vegetală care crește în fundul unora.

Movilă

Simion, Gavril, Ieremia, Constantin, Mihail, Alexandru, Moise.

Muci

Secreții nazale care cad în fasole.

Murgoi

Pește de apă dulce.

Muscă

Insectă care se așează pe căciula vinovaților.

Muștar

Sare când te enervezi.

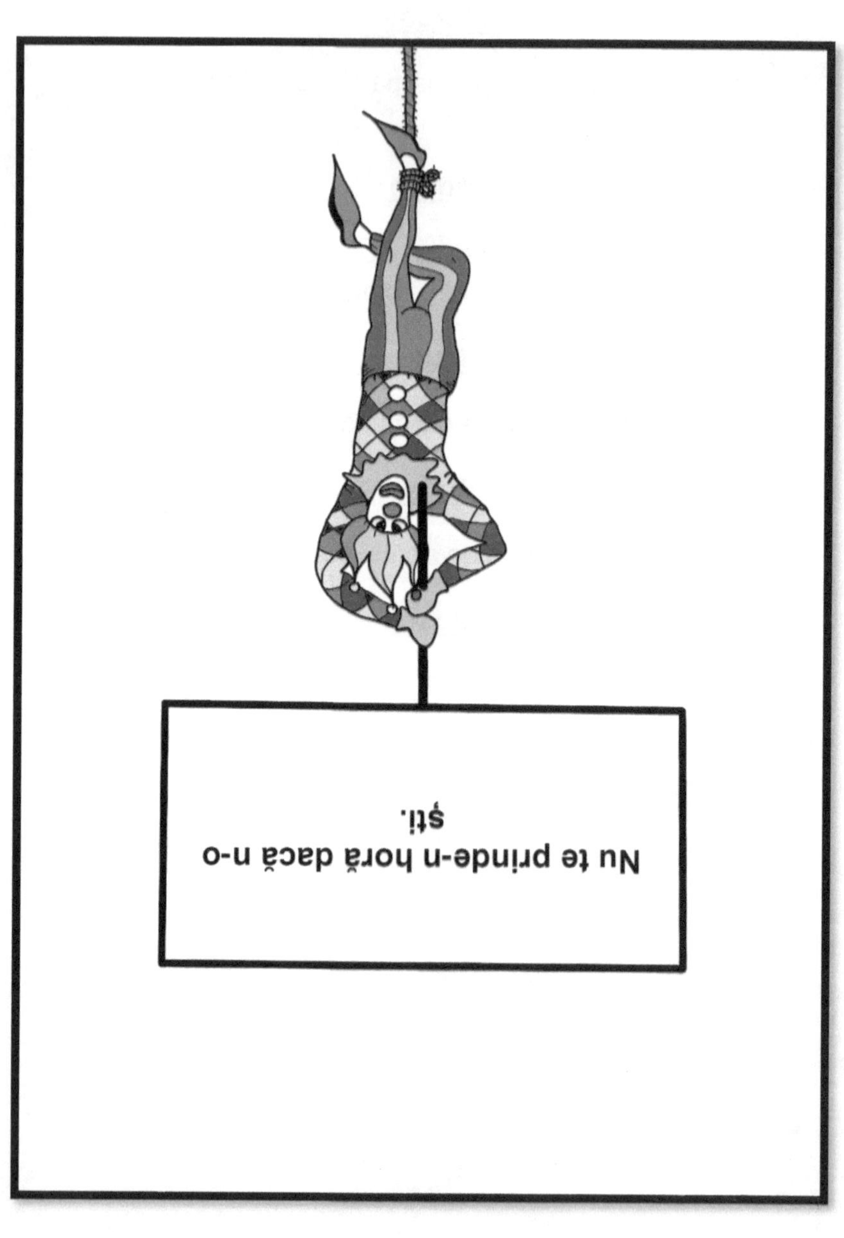
Nu te prinde-n horă dacă n-o ști.

N

Napoleon

Un complex.

Neromân

Vezi antiromân.

Nici

O negație.

Nici usturoi n-a mâncat, nici gura nu-i miroase.

Nicovală

Os al urechii (vezi *scăriță* și *ciocan*).

Niveluri

Același lucru cu *nivele*.

Nucă

Fruct alcătuit dintr-un miez comestibil, închis într-o coajă lemnoasă, cu care se dă în perete.

Orice cal ajunge gloabă.

O

Oamenii de știință

Distrug planeta.

Obraz

Parte laterală a feței care unora le lipsește.

Ochelari

Purtați de cei care scriu și citesc mult. Te fac să pari inteligent.

Ochi

Organ care se belește.

Ofticat

Om care se enervează când pierde.

Oglindă

Dacă o spargi ai șapte ani de ghinion.[22]

Oi

Dacă sunt ale noastre revenim la ele.

---

[22] Sursă: *Biancaneve e i sette nani (1995).*

Olog

Iuga Ologul, domnitor moldovean (1399-1400).

Om

Figurant sau actor.

Om de succes

Un norocos.

Opinii

Ale tale bune, ale altora proaste.

Ordine

Ceva ce exista înainte.

Originar

Se confundă cu *original*.

Ou

Punct de plecare pentru o discuție filosofică. Stadiul de dezvoltare al embrionului, la păsări este învelit într-o coajă calcaroasă. La masculii Homo sapiens reprezintă organele de care te strânge Statul, pentru a te face să-ți achiți taxele.

Pădure fără uscături nu
există.

P

Papuci

Se dau bărbatului dacă vine beat acasă.

Pară

Fruct care pică în gura unui anume Nătăfleață.

Patron

Om care aruncă cu banii în stânga și în dreapta.

Pământ

Plat sau rotund, în funcție de capul fiecăruia.

Pânze

De obicei sunt albe.

Penis

Cuvânt neutilizat în limba română.

Pensie

Sumă de bani pe care bătrânii o primesc doar dacă alegerile sunt câștigate de P.S.D.[23]

[23] Sursă: *Poștașul de la țară.*

Pepeni

Fructe din care este scos un român nervos.

Pernă

Japonezii dorm fără pernă, de aceea nu au riduri.

Pește

Viețuitoare acvatică care se împute de la cap și se curăță de la coadă.

Petre Roman

Motiv de delir pentru femei în anii `90.[24]

Pile

Toți le critică, dar în același timp toți vor să le aibă.

Pisică

Mănâncă limbi, are nouă vieți, dacă e blândă zgârie rău.

Pistol

Conform unei vorbe populare, este o armă care seamănă cu un turc.[25]

---

[24] "Nu vrem bani, nu vrem valută, vrem ca Petre să ne f...".

Pitic

Bun prilej de conversație, poți să vorbești despre Napoleon, Ștefan cel Mare, Alexandru Macedon, Viorel Moraru și Twin Peaks.

Piuă

Vas în care se bate apa.

Poartă

Dacă este nouă, se uită vițelul la ea.

Poftă

Se pune în cui.

Politician

Vezi mincinos.

Porc

Animal care zboară.

Potcoavă

Ioan Potcoavă a domnit două luni în Moldova (1577).[26]

---

[25] Sursă: *Xenofobia pentru începători*.
[26] Sursă: *Subsolul istoriei*.

Preocupări

Ceva ce mulți au (vezi îmbunătățiri).

Preot

Unul din stâlpii societății. Bețiv și curvar.

Presă

Putere în stat cere dezinformează.

Presa minte, dar îi minte pe alții, noi nu putem fi manipulați.

Preș

Țesătură cu care sunt deplasate de acolo-colo persoanele credule.

Prezervativ

Ceva ce părinții noștri nu au folosit.

Prietenaș

Inferior unui prieten.

Primar

Om lipsit de putere, care așteaptă deciziile de la Centru pentru a realiza promisiunile făcute în campania electorală. Dacă nu reușește în patru ani să-și ducă proiectul la bun sfârșit, mai alegeți-l o dată, poate se îndură ăia din opoziție sau cei de la Centru să-l lase să facă treabă.[27]

Profesor

Un fel de babysitter fără autoritate.

Prost

Om cu mintea odihnită. Om care spune tot ce știe. Prost să fi, noroc să ai. Prostul moare de grija altuia. Prostul până nu e și fudul nu e prost destul.

Pui

Trebuie mâncat întotdeauna cu mâna.

Pulivară

Perioadă din an în care se duc la bun sfârșit toate planurile.

Pupăză

Pasăre făcută celebră de Ion Creangă.

Putină

Recipient spălat de români atunci când se împute treaba.

[27] Sursă: *Primaru`*.

Râde ciob de oală spartă.

R

Rahat

Are ochi și stă în ploaie.

Râsul

Este sănătos.

Răbdări

Dacă sunt prăjite le poți mânca.

Revelare

Se confundă cu relevare.

Revoluţia din `89

Când auzi că se discută despre ea, să zici că a fost lovitură de stat (nu este important să ști diferența dintre revoluție și lovitură de stat).

Roma

Locul în care duc toate drumurile.

Spune-mi cu cine umbli,ca
să-ți spun cine ești.

S

Sabie

Dacă este a lui Damocles stă deasupra capului.

Sapă

Dacă este de lemn și ajungi la ea, nu e bine.

Sare

Se pune pe rană.

Sarmale

Mâncare tradițională românească, dacă te contrazice vre-un turc, ceartă-te cu el și adu-i aminte de Bătălia de la Vaslui[28].

Sâmbete

Zile care se poartă.

Scăriță

Os al urechii (vezi *ciocan* și *nicovală*).

Scor

La fotbal cel mai periculos scor este 2-0.

---

[28] Sursă: *10 ianuarie 1475.*

Scop

Este întotdeauna scuzat de mijloace.

Scriitori

Să-i vorbești de rău, dar să încerci să devii și tu unul.[29]

Scriere

O scriere urâtă este semn de inteligență: „Scrii ca un doctor!”

Serviciu

Mai nou se folosește cuvântul „job”.

Sfinți

Cei care te mănâncă până ajungi la Dumnezeu.

Sistemul educațional

Tună și fulgeră împotriva lui, spune că este depășit și prost organizat, apoi vino tu cu soluția:
............*insert solution here*.........

Șmirghel

Cică face pielea fină.[30]

---

[29] Sursă: *Secretele insuccesului.*
[30] Sursă: *Un prieten.*

Stres

Cuvânt utilizat ori de câte ori nu știm sursa unei boli.

Sugativă

Bețiv.

Sulă

Ustensilă care se bagă în coaste.

Și popă și hoț nu se poate.

Ș

Șchiop

Petru Șchiopul, a domnit de patru ori în Moldova.[31]

Prima domnie: 1574 - 1577;

A doua domnie : 1577 - 1578;

A treia domnie: 1578 - 1579;

Ultima domnie: 1582 - 1591.

Știință

Nu există.

Știri

„Ce ști tu azi, eu am știut ieri".

Când te întâlnești cu cineva, adu în discuție subiectele zilei, pentru a arăta cât ești de informat.

---

[31] Sursă: *Tizul lui Timur Lenk.*

T

Tăcere

Un răspuns.

Telefon

Dacă nu ai telefon scump înseamnă că ești fraier.[32]

Teleleu

Mod de a umbla.

Teorii

Agită sau calmează inimi, înfierbântă creiere, umplu goluri.

Terorism

Când vine vorba de el spune: „Atentatele teroriste din 11 septembrie 2001 au fost organizate de C.I.A." Dacă îți permite timpul îți poți etala cunoștințele abordând și următoarele subiecte: Aterizarea selenară a fost o

[32] Autorul nu posedă un telefon scump, așa că folosiți informațiile din această carte pe propriul risc.

înscenare, Organizația celor 12 conduce Lumea, JFK a fost asasinat de C.I.A.[33]

Testicul

Varianta corectă a lui *testicol.*

Tichie

O bonetă pe care oamenii chelioși și-o doresc nespus, dacă este de mărgăritar cu atât mai bine.

Timpul

Cel care le rezolvă pe toate.

Tineretul

Cuvânt urmat de propoziția „din ziua de azi". Trebuie să te arăți dezamăgit de el și să clatini dezaprobator din cap.

Toamna

Anotimp în care se numără bobocii.

Traian și Decebal

Cuplul din împreunarea căruia s-a născut poporul român.

---

[33] Nu trebuie să ști multe detalii, trebuie doar să ai o idee fixă și bună.

Treabă

De obicei stricată de grabă.

Tufe

Plante aduse din Veneția.

Turcit

Creștin convertit la islam.

Ț

Țară

Regiune care arde când o babă se piaptănă.

Țigan

Bătrânii spun că este o persoană care se îneacă mereu la mal.[34]

Țigară

Varianta corectă a lui țigare.

[34] Șovinismul de ieri și de azi.

Una caldă, una rece.

U

U.E.

Dacă nu era U.E. aveam pensii mai mari.[35]

Ulcior

Recipient din lut care nu merge de multe ori la apă.

Ungur

Bărbat cu mustață care vrea să fure Ardealul.

Uriași

Au trei metri (nici mai mult, nici mai puțin) și sunt ținuți ascunși în beciurile muzeelor.[36]

Urs

Animal păcălit de vulpe.

---

[35] Sursă: *Gura lumii.*
[36] Sursă: *Prepuțul gândirii.*

Vorbește și nea Ion, că e și
el om.

V

Vacă

Așa te întorci (a se vedea *bou*).

Valiză

I se dă foc.

Vată

Bucată de bumbac bună de băgat în urechi.

Vedetă

Nu există așa ceva.[37]

Viață

Ceva care nu are scop.[38]

Viteaz

Om care apare după război.

Vorbe

De obicei sunt aruncate în spate.

---

[37] Sursă: *Jurnalul unui om care nu știa nimic.*

[38] Sursă: *Jurnalul unui om care le știa pe toate.*

Vreme

Întotdeauna neobișnuit de caldă sau de rece pentru perioada respectivă din an.

Z

Z

Zeamă de varză

Bună de băut pe stomacul gol.

Ziariști

Sunt de doi bani.

Despre Autor

Viorel Moraru este licenţiat în Istorie şi are o diplomă de Master în Istorie, ambele obţinute de la Universitatea ”Valahia” din Târgovişte.

De acelaşi autor:

- Religia geto-dacilor: Miturile antice şi miturile moderne;
- Eroi, zei şi fiinţe fabuloase în arta geto-dacică;
- Balada lui Brâncoveanu - bandă desenată;
- Bobo şi Emilia – carte de citit şi colorat;
- Mit şi Religie în Dacia;
- Codex Dracula (serie online de benzi desenate).

www.ingramcontent.com/pod-product-compliance
Lightning Source LLC
Chambersburg PA
CBHW032255070726
47590CB00016B/2919

* 9 7 8 1 3 9 3 0 1 3 3 6 5 *